Janosch
Karl Valentin für Kinder

KARL VALENTIN

für Kinder

Ausgesucht und illustriert
von Janosch

Piper
München Zürich

ISBN 3-492-02889-6
© R. Piper GmbH & Co. KG, München 1984
Gesetzt aus der Trump-Antiqua
Gesamtherstellung: Kösel, Kempten
Repros: Chemigraphia Gebr. Czech, München
Printed in Germany

Inhalt

Komplett verwurmt alles

Unsere Oma mußte immer weinen, wenn sie lachen
wollte.
Es gibt etliche solcher Leute.
Also genau umgekehrt alles.
Und Karl Valentin war einer, der freute sich nur, wenn er
sich ärgern konnte. Karl Valentin mußte sich andauernd
und gern ärgern. Das machte ihm Freude – verdreht alles,
komplett blödsinnig verwurmt, andersrum. Falsch alles,
falsch ist richtig. Richtig wäre ganz falsch.
Ist das klar?
Na also.
Nicht klar, weil unklar ist klar und nicht klar ist unklar,
klar oder wie oder was, ich komme jetzt auch nicht mehr
durch.
Karl Valentin wurde ungefähr haargenau vor 100 Jahren
in München geboren, weil es ihm dort ziemlich gut
gefiel. Und er wurde ein Volkssänger, weil er nicht singen konnte.
Total klar.
Oder nicht?
Na also.
Er war einer, der seinen Ärger und seinen Gesang, den er
nicht singen konnte, gegen Eintrittsgeld auf kleinen
Theaterbühnen vorführte. Damit die Leute etwas zu

lachen hatten. Denn im Leben gibt es nicht so viel zu lachen. Alles klar. Er trug puren Blödsinn vor und bekam deswegen oft auch noch automatischen Ärger umsonst dazu mit den Theaterdirektoren, denen der Blödsinn zu blödsinnig vorkam. Das aber war für ihn wieder die totale Freude, denn dann hatte er den Ärger, den er sich selber zusammensuchte, und den automatischen umsonst und ohne Mühe dazu. Eine größere Freude gibt es nicht. Blödsinnig schön. Sauschön, aber prima verwurmt.

Das Beste, was unsereinem passieren könnte, wäre: schon so geboren werden, daß man seinen Beruf von Geburt an bei sich hat, also nichts mehr dazulernen muß. Und dieses Glück hatte Karl Valentin. Denn viele Menschen werden schon blödsinnig geboren, das kommt öfter vor als zum Beispiel, daß einer als Elektriker auf die Welt kommt.

KARL VALENTIN KAM SCHON ALS KARL VALENTIN AUF DIE WELT.

Ist das Glück?

Leider machte er sich noch die unnötige Arbeit, erst einmal Schreiner zu lernen. Blödsinnig, jawohl – aber so war er eben geboren worden. Total falsch. Aber falsch ist richtig, also dann doch richtig. Oder was?

Na also.

Blödsinn ist vielleicht nicht für jeden schön.

ABER FÜR UNS IST BLÖDSINN SCHÖN.

Das muß einmal gesagt werden, das brauchen wir zum Leben wie die Ziege die Zeitung zum Frühstück.

Karl Valentin drehte auch ein paar kleine Filme. Er trat meistens mit Liesl Karlstadt auf. Liesl Karlstadt war genauso wie er, nämlich umgekehrt. Wenn er lang war, war sie klein. Wenn er mager war, war sie dickerlicher. Aber umgekehrt ist genau richtig, klar?
Na also.
Er machte auch ein kleines Museum auf. Ein Panoptikum, ein Gruselkabinett, ein Lachkabinett. Er stellte tote Wanzen, Läuse, Schwaben und Russen aus. Aber auch eine LEBENDE Fliege. Einen Regenschirm mit seinem Sohn, einen gefangenen Franzosen (Schraubenschlüssel, in einer Kiste gefangen). Und eine Rose. Roch einer daran, roch sie nach Petroleum. Und immer so weiter.

Janosch

Magnet – Fisch – Angel – Fix!
Eine zeitgemäße Erfindung

Ein wahrer Triumph ist es zu nennen, was der geniale Erfinder Karl Valentin erfunden hat. Die Verzweiflung der Angelfischer über jahrelanges »Nichtserwischen« ist behoben. Jeder Angelfischer ist von nun an »Beuteheimträger« geworden. Das jahrzehntelange Warten auf den »Fischanbiß« ist durch das Patent Valentins aus der Welt geschafft. Kein Auslachen der Zuschauer mehr beim Zuschauen des Fischens. Die Anwendung des »Emfaf« ist Knaben und Mädchen leicht. (Kurz gesagt kinderleicht.) Aus Anglerkreisen wird uns berichtet, daß alte leidenschaftliche Angler, die 40 bis 45 Jahre und darüber hinaus noch nie beim Angeln etwas »erwischt« haben, aus Freude über diese Erfindung haselnußgroße Tränen geweint haben. Unter den Fischen selbst ist, wie uns berühmte Taucher mitteilen, eine große Bestürzung ausgebrochen. Scharenweise schwimmen sie beisammen und beraten Gegenmaßnahmen gegen »Emfaf«. Sämtliche Verlage von lustigen Blättern, die seit Bestehen des Angelsportes an den Anglerwitzen Geld verdient haben, haben ihre Verlagshäuser schwarz beflaggt. So schwer die Erfindung des »Emfaf« zu begreifen ist, so leicht ist sie für den Laien verständlich. Statt dem scheußlichen Mordinstrument, »Angelhaken« genannt, tritt nun das Angelmagnet. Während der Angelhaken aus Stahl und

1. ANGELHAKEN

2. TASCHENMESSER

3. ARMES STREICHHÖLZLEIN

4. GRÖSSERES GLAS

1. ANGELHAKEN, mit welchem Karl Valentin ungefähr genau am 2. Juni gegen 11 Uhr fünf oder an einem ganz anderen Tag hinter einem Fisch in der Isar warf. Aber nicht traf. Vermutlich Barsch oder Forelle. Haken selbst noch gut erhalten und sorgfältig verpackt in einem Karton.

2. TASCHENMESSER (originalabgebildet), ein wenig verkleinert aus der Gegend um oder in Innsbruck. 11 Jahre danach. 1 Klinge. Privatbesitz.

3. ARMES STREICHHÖLZLEIN. Etwas angebrannt. Nicht aus der Zeit.

4. GRÖSSERES GLAS, aber stark verkleinert. Oben wahrscheinlich Schraubverschluß, z. Zt. nicht sichtbar. Enthält a) tote Fliege, b) Laus, d) nichts, e) oder dergleichen. Nichtzutreffendes bitte ausstreichen! Abbildung von links. Aus Staatsbesitz, nicht verkäuflich.

einem gebogenen Haken geformt ist, besteht das Magnet aus Mag und net. Der Angelhaken mit Widerhaken mußte stets beim alten System trotz »Tierschutzvereinswidrigerweise« mit einem lebenden Regenwurm »geschmückt« werden, der als Leckerbissen den zu fangenden Fisch anlocken sollte. Bei »Emfaf« kommt dies völlig in Hinwegfall, da die Krümmung des Magneten an und Pfirsich schon einem gekrümmten Wurm ähnelt. Der Fisch betrachtet sich nun im Bedarfsfalle das Magnet und denkt sich dabei vielleicht »instinktisch« ... Ja, was ist denn das für eine Angel? Er betrachtet sich das Magnet näher (besonders, wenn es sich um einen kurzsichtigen Fisch handelt), und schon hat ihn das Magnet erfaßt, und warum ... Weil der Fisch »Eisen« in sich hat, und Eisen wird bekanntlich vom Magnet angezogen. Wie werden aber die Fische eisenhaltig? Diese Frage ist aber ebenfalls von dem feinsinnigen Erfinder gelöst worden. Man geht tags zuvor an die betreffende Stelle, wo der Fischfang stattfinden soll, und füttert die Fische mit den kleinen Patentbrotkügelchen, welche unter dem Namen »Aha« in den Handel gekommen sind. Diese Patentbrotkügelchenmischung ist ebenfalls eine Erfindung von Karl Valentin. Die Mischung der Kügelchen besteht aus Mehlteig, »Regenwurmblut« und »Eisenfeilspänen«. Die von Fischen verschluckten »Patentbrotkügelchen« sind nun eisenhaltig und damit die Fische auch. Folglich wird der Fisch, falls er sich dem Magnet nähert, von demselben angezogen; der Fischer merkt am Untergehen des Angelkorkes, daß ein Fisch angebissen hat, also in diesem Falle am Magnet haftet. Nach Entfernung des Fisches vom Magnet wird der Magnet »abgetrocknet« (da er im trockenen Zustande mehr Anziehungskraft besitzt) wieder in das Wasser geworfen, und derselbe Vorgang wiederholt sich nach Belieben. »Emfaf« funktioniert in jedem Wasser, sogar in dem stark salzhaltigen Meereswasser. Nur im »schwarzen Meer« müssen Pillen mit »Radiummischung« verwendet werden, da die Fische in dem tiefschwarzen Wasser nur »beleuchtete« Kügelchen erkennen können. Allerdings kommt dieses Verfahren ziemlich teuer, aber der Erfinder Karl Valentin hat Mittel und Wege gefunden, die Herstellungskosten bedeutend zu ermäßigen, indem er statt Radiummischung die Pillen mit »Glühwürmchensirup« verarbeitet, womit er dieselbe »Leuchtkraft« erzielt.

Ohrfeigen

KARL VALENTIN: Ha, da sind Sie ja, Sie gemeiner Kerl! Seit Monaten suche ich diesen Schurken, der sich erlaubt, meiner Frau heimliche Liebesbriefe zu schreiben! Endlich habe ich Sie erwischt! – Hier haben Sie die Belohnung dafür – hier die zweite – Sie Schuft! – Hier noch eine und dann noch eine – Sie Hochstapler Sie. – Nun haben Sie für Ihre Gemeinheit Ihren Tee bekommen – Sie, Herr Otto Keilhauer!

LIESL KARLSTADT: Wie kommen Sie dazu, mich hier zu ohrfeigen? Erstens kenne ich Ihre Frau gar nicht, und zweitens heiße ich nicht Otto Keilhauer, sondern Alois Freiberger.

KARL VALENTIN: Waaas? Sie sind nicht der Herr Otto Keilhauer? Das ist doch nicht möglich! Sie sind wirklich nicht Otto Keilhauer? Das tut mir aber leid, so eine frappante Ähnlichkeit! Entschuldigen Sie vielmals!

LIESL KARLSTADT: Halt, halt! Was heißt entschuldigen – so einfach ist die Sache nicht. Sie haben mich beleidigt und geohrfeigt!

KARL VALENTIN: Gut! Ich nehme die Beleidigungen mit größtem Bedauern zurück.

LIESL KARLSTADT: Und die Ohrfeigen?

KARL VALENTIN: Ja, die Ohrfeigen kann ich mit bestem Willen nicht mehr zurücknehmen, das ist technisch nicht möglich.

LIESL KARLSTADT: Das sehe ich schon ein, aber ich kann sie Ihnen wieder zurückgeben, das ist technisch möglich.

KARL VALENTIN: Ja, das hat aber keinen Sinn; ich bin ja nicht der Otto Keilhauer, denn der hätt sie ja bekommen sollen.

LIESL KARLSTADT: Jaja, aber ich bin auch nicht der Otto Keilhauer, und Sie haben mir die Ohrfeigen doch gegeben.

KARL VALENTIN: Ja, verstehen Sie mich denn nicht, ich habe sie Ihnen nur deshalb gegeben, weil ich der Meinung war, Sie seien der Otto Keilhauer.

LIESL KARLSTADT: Was heißt seien, wenn ich es nicht bin!

KARL VALENTIN: Aber dafür kann ich doch nichts, wenn Sie dem so frappant ähnlich sehen!

LIESL KARLSTADT: Ja, kann denn ich da was dafür?

KARL VALENTIN: Nein, aber ich doch noch weniger.

LIESL KARLSTADT: Schauen Sie sich das nächste Mal die Leute besser an, denen Sie Ohrfeigen geben wollen, dann kommt so was nicht mehr vor.

KARL VALENTIN: Das hätte ich auch gemacht, aber Sie sind so schnell an mir vorbeigegangen, daß ich Sie nur flüchtig sehen konnte.

LIESL KARLSTADT: Ja, Sie Idiot, ich kann doch wegen Ihnen nicht langsam gehen, damit Sie genau erkennen, ob ich dieser Keilhauer bin oder nicht.

KARL VALENTIN: Dieses Geschwätz hat jetzt gar keinen Wert, ich hab mich bei Ihnen entschuldigt, und wegen der Ohrfeigen müssen wir uns jetzt halt einigen.

LIESL KARLSTADT: Was heißt einigen – ich verklage Sie!

KARL VALENTIN: Das tun Sie bitte nicht, dann haben wir bloß noch Laufereien. Sie sagen mir, was Sie für eine Ohrfeige verlangen, und ich bezahle.

LIESL KARLSTADT: Gut, wieviel Ohrfeigen haben Sie mir gegeben?

KARL VALENTIN: Soviel ich mich noch erinnere, sechs Stück.

LIESL KARLSTADT: Was bezahlen Sie mir für das Stück?

KARL VALENTIN: Ich denke eine Mark.

LIESL KARLSTADT: Sie unverschämter Kerl, für solche Prachtohrfeigen nur eine Mark, das ist ja Preisdrückerei, merken Sie sich das!

KARL VALENTIN: Mehr kann ich unmöglich bezahlen!

LIESL KARLSTADT: Gut, dann verklage ich Sie.

KARL VALENTIN: Na, dann sagen wir für eine Ohrfeige eine Mark fünfzig, sechsmal eine Mark fünfzig sind neun Mark; hier haben Sie neun Mark!

LIESL KARLSTADT: Danke schön, danke schön! Das war eigentlich ein schnell verdientes Geld! Da wird sich der Herr Otto Keilhauer ärgern, wenn er erfährt, daß Sie ihn mit mir verwechselt haben!

Der Maskenball der Tiere

Die Tiere auf der Erde all,
die hielten einen Maskenball.

Die Schildkröte, die Schildkröte
blies im Orchester Trompete.

's Chamäleon, 's Chamäleon,
das blies den dicken Bombardon.

Die Läuse, die Läuse,
die machten ein Gesäuse.

Die Hummel, die Hummel,
die schlug die große Trummel.

Der Pinguin, der Pinguin,
der spielte erste Violin.

Die Kröte, die Kröte
blies Piccolo und Flöte.

Der Marabu, der Marabu
gab zum Konzert den Takt dazu.

Der Aal, der Aal,
der schwänzelt durch den Saal.

Der Leopard, der Leopard,
der hat auf seine Gattin gwart.

Der Flamingo, der Flamingo,
der sucht nen Platz sich irgendwo.

Der Esel, der Esel
saß hinten im Klubsessel.

Der Schwan, der Schwan
sah sich im Spiegel an.

Das Nilpferd, das Nilpferd
benahm sich wirklich ganz geschert.

Der Elefant, der Elefant,
der war, wie immer, sehr galant.

Das Schwein, das Schwein,
das war auch hier ein Schwein.

Der Büffel, der Büffel
scherzt mit der Gans, der Schlüffel.

Der Feuersalamander
rutscht übers Stiegenglander.

Die Fliege, die Fliege
stand draußen auf der Stiege.

Der Papagei, der Papagei,
der schrie fortwährend: 1 – 2 – 3.

Der Panther, der Panther,
vom Luchs war's ein Verwandter.

Die Störche, die Störche,
die warn maskiert als Lerche.

Die Wölfe, die Wölfe,
die warn maskiert als Zwölfe.

Der Löwe, der Löwe,
der war maskiert als Göwe.

Die Wanzen, die Wanzen,
die fingen an zu tanzen.

Der Adler, der Adler,
der tanzte den Schuhpladler.

Die Ameise, die Ameise,
die tanzte nur den Française.

Die Flöhe, die Flöhe,
die hupften in die Höhe.

Da plötzlich wurd's ganz still im Saal,
sie saßen alle jetzt beim Mahl.

Der Rabe, der Rabe,
fraß d' Suppn mit der Gabe.

der
Jaguar
der Ja =
guar

der hängt
an einem
Suppenhaar

Der Jaguar, der Jaguar
fand in der Suppe drin ein Haar.

Die Giraffe, die Giraffe,
die fraß a Schokoladwaffe.

25

Die Schlange, die Schlange
aß eine Blutorange.

Das Eidachsel, das Eidachsel,
das fraß a abbräunts Schweinshaxel.

Das Gnu, das Gnu,
das hatte schon genu.

Der Auerochs, der Auerochs,
der aß nicht auf und frug: »Wer mog's?«

Das Dromedar, das Dromedar
aß zur Verstärkung Kaviar.

Die Schnepfe, die Schnepfe,
die hat die größte Hepfe.

Das Lama, das Lama,
das fraß zuletzt alls zamma.

Daß der Gesang nur Unsinn war,
das wird zum Schlusse jedem klar.

Der Naturprofessor

Putzt die Augengläser, streift seinen Spitzbart, nimmt das Sacktuch und schneuzt sich – verbeugt sich mehrmals.

Sehr geehrter Zuschauerraum, es freut mich hundsgemein, daß Sie sich heute zu meinem wissenschaftlichen Vortrag über den Nutzen und Schaden der Haustiere hier eingefunden haben. Wenn man von Haustieren spricht, so ist jeder darüber im Zweifel, handelt es sich hier um die Haustiere am Haus oder im Haus. – Mein heutiger Vortrag behandelt die Haustiere im Haus. Unter einer Haustüre und einem Haustier ist ein himmelweiter Unterschied, denn erstere ist aus Holz, letzteres aus Fleisch und Blut.

1. Eines unserer bekanntesten Haustiere ist der populäre schwarzbläuliche Küchenschwabe. Er wird in vielen Fällen über sechs bis vier Wochen alt und findet meist einen unnatürlichen, jedoch schnellen Tod durch die menschliche Schuhsohle. Der bekannte Knall beim Zertreten eines Küchenschwaben wird durch Eindrücken des Brustkorbes hervorgerufen. Der Küchenschwabe läuft sehr schnell, was darauf schließen läßt, daß es ihm die meiste Zeit pressiert. Sind mehrere Schwaben beisammen, so nennt man das einen Schwabenschwarm, sind es ausgerechnet sieben Stück, so sind das die sieben Schwa-

ben, welche aber mit den Sieben Schwaben nicht identisch sind. Erstere haben ihre Heimat in der Küche, letztere in Ulm.

2. In meiner zweiten Abteilung stehe ich im Zeichen der Wanze. – Liebe Zuhörer und Zuhörerinnen! Von der Wanze glaube ich Ihnen nicht viel sagen zu brauchen, denn Sie alle kennen ja das Leben und Treiben dieses scheußlichen Blutsaugers von der Schule her, wo Ihnen das Tier schon näher erklärt worden ist.

3. Ich komme nun zum dritten Haustier, zum Floh. Hier ist es mir möglich gewesen, eine fotografische Abbildung zu gewinnen. Eine geradezu wahnsinnige Arbeit war es, dieses flinke Tierchen zu fotografieren. Über dreitausendmal hüpfte es dem Fotografen aus der Stellung, und nur durch gutes Zureden ist es ihm gelungen, das Tier zu einer Momentaufnahme zu bewegen. – Der Floh nährt sich vom Blut des Menschen oder, besser ausgedrückt, vom menschlichen Blut; nach eigener Erfahrung und Ansicht ist ein Floh trotz seiner winzigen Körpereigenschaft imstande, sechzig Liter Menschenblut in sich aufzunehmen.

4. Wir kommen nun zu der Laus. Die Laus bewohnt den Haarboden des menschlichen Kopfes. Nicht jeder Mensch ist mit Läusen geplagt. Am meisten werden davon die Buben heimgesucht. Ist ein Bube mit Läusen bedacht, so entsteht daraus der sogenannte Lausbub. Bei älteren Personen, Glatzköpfe oder Plattenberger genannt, finden diese Liliputschildkröten keine Wohn-

stätten. Die zweite Abart sind die Gewandläuse, welche sich im Gewande der Menschen aufhalten. Adam und Eva im Paradies kannten diese Sorte Läuse nicht, da dieselben kein Gewand besaßen, sondern nur Blätter. Es gibt auch Blattläuse, welche aber nicht zu den Haustieren gehören. Eine vierte Art von Läusen ist mir noch bekannt, die sich aber nur in Bierfilzln und Filzschuhen aufhalten. – Eine Laus tritt nur einen Tag auf, ist von den Kindern gefürchtet und heißt Nikolaus. – Auch die Bühnenkünstler, Sänger, Schauspieler und Komiker haben die Läuse gern, jedoch nicht Kopfläuse, sondern Appläuse.

5. Nach Erklärung der kleineren Haustiere folgen nun die Haustiere größerer Körpereigenschaften. Da steht in erster Linie die Maushaus. Die Maus besteht nach zoologischer Feststellung aus *Mau* und *Ringel-s* und ist mit einem mausgrauen Fell überzogen. Die Maus läuft auf vier Füßen oder in die Mausfalle. Sind zwei Mäuse beisammen, so vermehren sie sich sehr schnell. Die jungen Mäuse dagegen sind um ein großes Stück kleiner als die älteren. Die Maus verwandelt sich oft sehr schnell. Fällt eine Maus in einen Honigtopf, so entsteht daraus eine zuckersüße Maus. Am wohlsten fühlt sich die Maus im Loch, im Mausloch, auch ich – bin der Überzeugung. Die nächsten Verwandten der Maus sind die Ratten, im Volksmund der Ratz genannt. Die Ratzen sind häßliche Tiere, und man nennt einen Ratzen im allgemeinen schialiga Ratz.

Sechstes Haustier: Die Fliege. Die Fliege gehört zum Geflügel. Die Fliege ist eines der reinlichsten Haustiere. Es ist festgestellt, daß die Fliegen sehr oft heiße Bäder nehmen. Zum Ärgernis der Hausfrau nehmen sie diese Bäder im Suppenhafen. Die Fliege dient auch als Nahrungsmittel, jedoch nicht für den Menschen, aber für den Laubfrosch. Die Fliege wird von den Menschen sehr lästig befunden, weshalb man ihr todbringende Fallen stellt, in Form von Fliegenhüten.

Ein Fliegenhut ist ein Apparat aus Packpapier, welcher im fünfundsiebzigsten Gradwinkel zu einem komischen Zylinderkegel geformt und mit einem zähen Leim, sogenannten Fliegenleim, bestrichen ist. Stellt man die auf lateinisch mit Papp bestrichene »Stranitze« auf eine flache Ebene, Küchentisch usw., und die Fliege bemerkt diesen Vorgang, nähert sich die Fliege diesem Apparat, umkreist ihn summend, bei der Fliege treten sodann indirekt Halluzinationen ein, sie ist der sicheren Meinung, der auf dem Papierkegel befindliche Leim ist kein Leim, fliegt auf den Leim, und siehe da, sie pappt.

Der lächelnde Blick der Fliege verschwimmt, in ihrem Gesichtskreis tritt ein leichtes Erröten ein, die Flügel werden schlapp, weil sie voll Papp, und mit stierem Blick erwartet sie das langsame Sterben. Mit Aufgebot aller Kräfte entreißt sie einen Flügel aus der klebrigen Masse, um mit demselben Schwingungen zu erzeugen, der durch Vibration summende Schallwellen hervorruft. Durch dieses Gesumm werden die anderen Fliegen auf die traurige Situation ihrer Kollegin aufmerksam, fliegen hilfebringend herbei, und auch sie pappen. Sakra, jetzt papp i aa.

Zum Schluß das letzte Haustier, die Kuh. Leider ist es mir wegen Mangel an Platz unmöglich, ein lebendiges Exemplar einer Kuh mitzubringen. Ich finde es auch nicht durchaus nötig, denn ich setze voraus und bin überzeugt, daß die meisten der Anwesenden schon eine Kuh gesehen haben. Ich bediene mich deshalb einer Kripperlfigur zur näheren Erklärung. Der Hauptbestandteil der Kuh ist die Milli, kurz gesagt die Milch. Die Milch ist das flüssigste Nahrungsmittel außer dem Wasser. Die Milch ist an ihrer weißen Farbe erkenntlich. Die Milch kann in Tassen, Flaschen, Büchsen, Gläsern oder anderen hohlen Gefäßen aufbewahrt werden. Ist zum Beispiel ein Kübel voll Milch, so nennt man sie Vollmilch. Die Milch gewinnen wir Menschen von den Bauern oder von der Ziege; die bekannteste Milch ist jedoch die Kuhmilch, es gibt auch Lilienmilch, nur werden die Lilien nicht gemolken, sondern gepflückt. Wir haben auch Milchstraßen, eine am Himmel, eine in Haidhausen. Diese kommen aber zur Milchlieferung nicht in Betracht. Wird zum Beispiel die Kuhmilch auf dem Feuer gesotten, so entsteht daraus die sogenannte heiße Milch, welche zum Kochen verwendet werden kann. Die Milch ist am leichtesten zu verdauen, da sie weder gebissen noch trichinenfrei ist. Die Milch kann getrunken, gefahren oder getragen werden. Viele Frauen können die Milch trinken, aber nicht tragen, da dieselben keine haben. Schüttet man in die Milch Kaffee, entsteht daraus Melange, schüttet man in die Milch Wasser, so ist es eine Gemeinheit, welche mit Gefängnis bestraft wird, und der Milchfrau wird die Milch entzogen, oder besser gesagt die Konfession. Die neueste Entdeckung aus Milli Soldaten herzustellen, steht wohl einzig in der Welt. Der berühmte Komiker Rzpleckp hat diese Erfindung einem eigentlichen Zufall zu verdanken; das Rezept ist folgendes: Man nimmt einen großen Kübel Teer, gießt in diesen Teer Milli, vermengt die Milli mit dem Teer und es entsteht daraus Militär. –

Ich beschließe nun meinen wissenschaftlichen Vortrag und fordere Sie auf, sich von den Sitzen zu erheben und mit mir in den Ruf einzustimmen: Unsere sämtlichen Haustiere, sie leben, vivat hoch! Hoch! Hoch!

ANSAGER: Im Namen des Herrn Professors gebe ich Ihnen bekannt, daß die Sammlung dieser wissenschaftlichen Spirituspräparate an jedem Mittwoch und Freitag vormittags von drei bis vier Uhr im Speisesaal des Hotels ... zur allgemeinen Besichtigung ausgestellt sind. Eintritt à Person sechs Mark inklusive Erbschaftssteuer.

Karl Valentins Olympiabesuch

Hier sitz ich alleine und spähe umher
und lausche hinauf und hernieder,

so heißt es in dem alten Lied »An der Weser«.
So ähnlich erging es mir, als ich allein im Olympiasta-
dion saß. – Wie kam es, fragte ich mich selbst, daß ich zur
Olympiade zu spät kam? – Ich blieb mir die Antwort
nicht schuldig, Ihr Leichtsinn ist daran schuld! erscholl
es von meinen Lippen. (Ihr bedeutet ich selbst.) Denn aus
Eigentrotz sage ich selbst zu mir nicht du, sondern Sie,
weil man da vor sich selber viel mehr Respekt hat als mit
der Duzerei. – Nur *einen* Tag zu spät und dennoch zu
spät! – O Herr, bewahre mich bei der nächsten Olympiade 1940 vor solchen Etwaigitäten! – Trotzdem ich
mich setzte, war es doch entsetzlich, als ich allein dasaß,
in einer Hand die verfallene Eintrittskarte, die andere
Hand in meiner eigenen Hosentasche. – Um mich herum
saß nirgends niemand – das große Schweigen ringsumher
war still und lautlos. – Meine einzige Unterhaltung war
das Warten. Zuerst wartete ich langsam, dann immer
schneller und schneller, kein Anfang der Olympischen
Spiele ließ sich erblicken – da endlich von mir ein schril-
ler Blick, und meine Augen starrten hinunter zu dem
Eingang bei der Kampffläche. – Ich sahte einen kleinen

Jemand, der Jemand scheinte mich zu suchen, was diesem auf den ersten Blick gelang. Unsere Pupillen kreuzten sich in der Mitte unserer Entfernung. Ich saß – sie kam – nur sie allein, die kleine Liesl Karlstadt, klärte mich darüber auf, daß gestern der letzte olympische Tag gewesen ist. – »Ist das schade!« schrie ich teilnahmserregt in den blauen Äther hinaus – ich schnellte langsam von meinem Sitz empor, flugs verließen wir die Stätte des großen Gewesenseins. Freudezerknittert traten wir per Verkehrsmittel die Heimfahrt an in die Stammkneipe am Kurfürstendamm. – Wir Sachsen haben in Berlin einen eigenen Stammtisch, dort kommen täglich alle Münchner zusammen, und da wird erzählt, von diesem und jenem, von jenem weniger, dafür öfter von diesem. Ich konnte leider heute zu meinem Bedauern nichts von den Olympischen Spielen erzählen, da ich ja nichts gesehen hatte – und alle lauschten umsonst.

Der Radfahrer

SCHUTZMANN: Halt!

Valentin blinzelt den Schutzmann an.

SCHUTZMANN: Was blinzeln Sie denn so?

VALENTIN: Ihre Weisheit blendet mich, da muß ich meine Schneebrille aufsetzen.

SCHUTZMANN: Sie haben ja hier eine Hupe, ein Radfahrer muß doch eine Glocke haben. Hupen dürfen nur die Autos haben, weil die nicht hupen sollen.

VALENTIN *drückt auf den Gummiball:* Die meine hupt nicht.

SCHUTZMANN: Wenn die Hupe nicht hupt, dann hat sie doch auch keinen Sinn.

VALENTIN: Doch – ich spreche dazu! Passen Sie auf, immer wenn ich ein Zeichen geben muß, dann sage ich »Obacht«!

SCHUTZMANN: Und dann haben Sie keinen weißen Strich hinten am Rad.

VALENTIN: Doch! *Zeigt seine Hose.*

SCHUTZMANN: Und Rückstrahler haben Sie auch keinen.

VALENTIN: Doch! *Sucht in seinen Taschen nach.* Hier!

SCHUTZMANN: Was heißt in der Tasche – der gehört hinten hin.

VALENTIN *hält ihn auf die Hose:* Hier?

SCHUTZMANN: Nein – hinten auf das Rad – wie ich sehe, ist das ja ein Transportrad – Sie haben ja da Ziegelsteine, wollen Sie denn bauen?

VALENTIN: Bauen – ich? Nein! Warum soll ich auch noch bauen? Wird ja so viel gebaut.

SCHUTZMANN: Warum haben Sie dann die schweren Steine an Ihr Rad gebunden?

VALENTIN: Damit ich bei Gegenwind leichter fahre, gestern in der Früh zum Beispiel ist so ein starker Wind gegangen, da hab ich die Steine nicht dabei gehabt, ich wollt nach Sendling nauf fahren, daweil bin ich nach Schwabing nunter kommen.

SCHUTZMANN: Wie heißen Sie denn?

VALENTIN: Wrdlbrmpfd.

SCHUTZMANN: Wie?

VALENTIN: Wrdlbrmpfd.

SCHUTZMANN: Wadlstrumpf?

VALENTIN: Wr – dl – brmpfd!

SCHUTZMANN: Reden S' doch deutlich, brummen S' nicht immer in Ihren Bart hinein.

VALENTIN *zieht den Bart herunter:* Wrdlbrmpfd.

SCHUTZMANN: So ein saublöder Name! – Schaun S' jetzt, daß Sie weiterkommen.

VALENTIN *fährt weg, kehrt aber noch einmal um und sagt zum Schutzmann:* Sie, Herr Schutzmann –

SCHUTZMANN: Was wollen Sie denn noch?

VALENTIN: An schönen Gruß soll ich Ihnen ausrichten von meiner Schwester.

SCHUTZMANN: Danke – ich kenne ja Ihre Schwester gar nicht.

VALENTIN: So eine kleine stumpferte – die kennen Sie nicht? Nein, ich hab mich falsch ausgedrückt, ich mein, ob ich meiner Schwester von Ihnen einen schönen Gruß ausrichten soll?

SCHUTZMANN: Aber ich kenne doch Ihre Schwester gar nicht – wie heißt denn Ihre Schwester?

VALENTIN: Die heißt auch Wrdlbrmpfd.

Der Weltuntergang

Gestern nachmittags um neun Uhr sitz ich im Restaurant »Zur derfaulten Blutorange«, und weil ich am Tag vorher meine goldene Uhr zum Konditor tragn hab, zum Reparieren, hab ich einen solchen Heißhunger kriegt, daß ich mir zwei Portionen Senftgefrorenes und an gsottnen Radi als Abendessen zum Frühstück bestellt hab. Nachdem ich aber Hausbesitzer bin und in jeder Wohnung eine wanzenreiche Familie hab, hab ich trotz meines siebenundachtzigjährigen Halsleidens mit den Kindern von mein Nachbarn »Fürchtet ihr den weißen Mann« gespielt. Im selben Moment haute der Fotograf im Rückgebäude 's Fenster ein. I laß in der Angst an Zitherlehrer komma, und der gemeine Kerl von einer Kellnerin behauptet, sie hätt im Eiskasten scho Feuer gmacht; währenddem mein jüngster Sohn sich mit dem Magneteisen d' Hühneraugen aus'm Ellbogen herauszieht, habn s' in der Volksküche zu Leipzig an der Ruhr a Staudn Nißlsalat mit dem neuen Trambahntarif verwechselt, der Bürgermeister will im hintern Anhängewagen vom Telefonautomat einsteign, kann aber leider nicht schwimmen und stößt mit seiner Batikkrawatte a Loch in a neugebackene Schlagrahmtorte. In der Verwirrung führt der Turmwächter von St. Emeran einen Bismarckhering ins Hundebad, der Nürnberger Schnellzug is ins Nymphenburger Trambahngleis neigfahrn; sämtliche Droschkenkutscher von München sind zum Beichten gangen, und wenn nicht zufälligerweis auf dem Wendelstein drobn ein Schutzmann seinen Wecker ablaufen läßt, verlangt die Obsthausiererin für zwei Pfund Kinderhemden einen Freundschaftskuß. Trotz allen Bemühungen, auf der rechten Kuppel des Frauenturms ein Männerfreibad für Damen zu errichten, bleibt die Kanzlei vom Brunnenbuaberl vorläufig geschlossen, und auf allgemeinen Wunsch wird unter Kindern mit zehn Jahren die Zuchthausstrafe auf lebenslänglich abgeschafft. Sollten dagegen die Münchner Schlittschuhläufer wegen dem eingetretenen Weißbrotmangel vor Ablauf vorigen Jahres ihre Schlittschuhe nicht doppeln lassen, so sind auf Kosten des Fremdenverkehrs starke, gewitterartige Niederschläge zu erwarten. Leider aber hat sich der Bürgermeister im Finstern verlaufen, weil am Zeppelin-Luftschiff keine Hausnummer dort war; er läßt unglücklicherweise die Türe auf, und im Zeitraum von fünf Minuten san ihm vierzig Mitesser auskemma. Er läuft ihnen nach, stolpert mit die Gummischuh über der Frau ihre Giselafransen, tritt seim dreijährigen Buam in d' Sandtorten nei und schreit: »Wer will unter die Soldaten?« Alles war vergeben und vergessen, sei Frau hat ihre Krampfadern als Ringelnattern verkauft, die Köchin hat sich verlobt mit'm Papagei, der Hausherr hat sich mit de Hypotheken gurgelt, und in der Maikäferschachtel is die Maul- und Klauenseuche ausbrocha. »Wehe, wehe«, sprach der Oberlehrer von der Gasanstalt: »Richtet nicht, sonst werdet ihr gerichtet«, da öffnen sich die Wolken, und mit blinzelnden Augen treten achtzehn Packträger hervor und verkünden das Ende der Welt. Links und rechts stehen je vier goldene Jungfrauen mit Semmelbrösel bepappt und halten ein vernickeltes Butterbrot in der Hand. Die Luft zitterte wie Schweinssulz, die Erde wühlte sich auf, die Vesuve speiten Honig und Sauerkraut. Nacht- und Tageulen, Junikäferln und Lämmergeier schwirrten gespensterhaft auf dem Fußboden umher, panikartig zerplatzte ein alter Leberkäs, und am Ende des Vortrags trat plötzlich der Schluß ein.

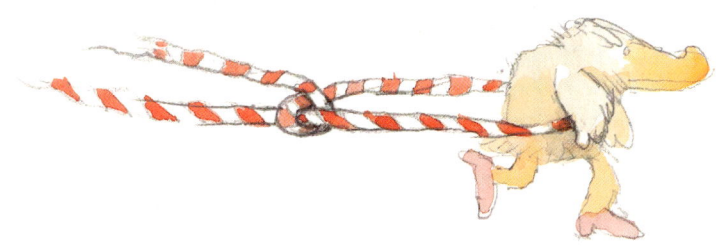

Geräusche

Valentin sitzt in einem Restaurant und schlürft Suppe.
HERR ZISSBIDELDIP: Na, na, na, das ist ja allerhand; wenn Sie schon nicht geräuschloser essen können, dann fressen Sie in Zukunft daheim, nicht im Restaurant.
KARL VALENTIN: Das würde ich schon machen, aber meine Frau kann das Schmatzen und Schlürfen und die sonstigen Geräusche der Mahlzeit nicht hören.
HERR ZISSBIDELDIP: So, Ihre Frau kann das nicht hören; aber die fremden Leute im Restaurant, die neben Ihnen sitzen, die müssen sich das anhören!
KARL VALENTIN: Müssen nicht – die brauchen sich ja nicht um mich herum setzen.
HERR ZISSBIDELDIP: Wenn aber sonst kein Platz mehr da ist?
KARL VALENTIN: Dann schon! – Sie sind eben ein empfindlicher Mensch! Sie müssen doch auch auf der Straße gehen; da hören Sie den Straßenlärm, die Autos knattern, oben in der Luft surren die Flieger...
HERR ZISSBIDELDIP: Sie werden doch nicht das Geräusch eines Flugmotors mit Ihrem Schmatzen vergleichen wollen!
KARL VALENTIN: Selbstverständlich nicht! Das ist doch tausendmal lauter! – Nun, da sehn Sie ja, wie kapriziös Sie sind! Die Flieger und der Straßenlärm regen Sie nicht

auf, aber meine kleine Mundbewegung beim Essen macht Sie nervös!

HERR ZISSBIDELDIP: Ein Flugmotor surrt; das ist ein mechanisches Geräusch, weil es von einer Maschine erzeugt wird.

KARL VALENTIN: Das ist richtig. Aber Sie können von mir nicht verlangen, daß ich beim Essen surren soll; das ist mir nicht möglich – nicht einmal, wenn ich ein Surrhaxl verspeisen würde! – Sie sind halt ein geräuschempfindlicher Mensch! Da – haben Sie's soeben gehört! Der Herr da drüben hat geschneuzt! Warum beschweren Sie sich nicht über das Nasengeräusch?

HERR ZISSBIDELDIP: Ja, ich kann doch dem Herrn das Schneuzen nicht verbieten!

KARL VALENTIN: So, das können Sie nicht! Aber mir wollen Sie das Essen verbieten!

HERR ZISSBIDELDIP: Das Essen nicht! – Über Ihr Schmatzen hab ich mich aufgeregt, und das mit Recht!

KARL VALENTIN: *niest.*

HERR ZISSBIDELDIP: Zum Wohl! Gesundheit! Helf Gott!

KARL VALENTIN: Was wollen Sie mit der dummen Bemerkung?

HERR ZISSBIDELDIP: Nun ja, wenn jemand niest, so sagt man zu demjenigen, der genossen hat, Gesundheit!

KARL VALENTIN: Das finde ich aber sehr komisch! Zu einem Nasengeräusch, das eigentlich nicht sehr hygienisch ist, sagen Sie: Gesundheit! Und über das Schmatzen beim Essen regen Sie sich auf.

HERR ZISSBIDELDIP *bekommt einen Schluckauf:* Hupp!
Verzeihung!

KARL VALENTIN: Was soll ich denn verzeihen?

HERR ZISSBIDELDIP: Hupp! Sie sollen mir verzeihen, weil
ich einen Schnackler getan habe.

KARL VALENTIN: Schnackeln Sie ruhig weiter; ich bin ja
nicht so kindisch wie Sie, daß ich mich über Ihren
Schnackler aufrege. *Läßt einen sogenannten Magen-
kopper.*

HERR ZISSBIDELDIP: Na hören Sie, alles was recht ist!
Benehmen Sie sich doch am Biertisch anständig!

KARL VALENTIN: Ich habe mich ja über Ihren Schnackler
auch nicht aufgeregt. Was kann ich denn dafür, wenn ich
eine Magenblähung habe, das ist doch nur überflüssige
Luft!

HERR ZISSBIDELDIP: Lassen Sie Ihre Luft ausströmen, wo
Sie wollen, aber nicht in meiner Gegenwart; merken Sie
sich das für die Zukunft!

Der schneidige Landgendarm

*Vortragender erscheint auf der Bühne als alter Landgen-
darm, angeheitert, mit einer großen Mappe und einer
Hundekette mit daranhängendem Hundehalsband.
Gesang (Melodie:* Üb immer Treu und Redlichkeit)

Ich bin ein schneidiger Landgendarm
Und habe einen scharfen Blick.
Und grad weil ich so dünn bin,
Habn mich diese Spitzbubn dick.

Ich bin der dünnste Gendarm, nicht der dümmste – der
dünnste Gendarm von unserem ganzen Dorf, das heißt,
mir sind ja nur zu zweit, ich und mein Wachtmeister, der
ist gerade das Gegenteil von mir; der ist so dick, daß er gar
nicht mehr gehen kann, viel weniger laufen. Drum
erwischt auch der keinen Spitzbuben mehr, die muß alle
ich fangen, und ich erwisch auch jeden; und da hab ich
eine närrische Freude, wenn ich einem nachgelaufen bin
und hab ihn erwischt – nur eins kann ich für den Teufel
nicht leiden, wenn *mir* die gemeinen Kerle nachlaufen,
da krieg ich einen Zorn, weil das gar nicht sein darf, daß
der Spitzbub dem Gendarmen nachläuft, da hätte ich das
Recht, daß ich sofort einen aufschreibe, aber unterm
Laufen kann ich doch nicht schreiben. Ich kann über-

haupt nicht schreiben, das ist ja das Dumme bei mir, ich muß jeden Spitzbuben, den ich auf der Straße gefangen habe, abzeichnen. Sie, das ist eine Hundsarbeit, einen solchen Spitzbuben abzeichnen; meinen Sie, von diesen Spitzbuben tät sich einmal einer eine Stunde ruhig halten? Nicht ums Sterben. Unterm Bleistiftspitzen sind sie mir schon davon, da kann ich Ihnen gleich ein paar zeigen, die ich vorige Woche gefangen habe. *Valentin holt aus der Mappe ein riesiges Zeichenheft – sein »Verbrecheralbum« hervor. Er zeigt nun dem Publikum die Bilder.*

Das hier ist ein Schwerverbrecher, der hat bei einem Schlosser einen Amboß gestohlen mit acht Zentner.

Hier ein Taschendieb, der hat bei einem Bauern einen Heuwagen genommen.

Wegen Schnellfahrens auf der Lokalbahn habe ich den Lokomotivführer während der Fahrt verhaftet.

Das hier ist eine Falschmünzerbande, ein ganzes Kompott. Vier Brüder, die habn Goldfische gestohlen, habn den Goldfischen das Gold runtergeschabt und habn aus diesem Gold Goldstücke gemacht.

Hier sehn Sie eine Leiter, da hab ich ein paar Bauernburschen beim Fensterln ertappt, die sind mir aber auskommen, dann hab ich wenigstens die Leiter erwischt.

Hinter einer alten Kehrrichttonne hab ich einen Vatermörder entdeckt, hab ihn aufs Landgericht hinauf, und da habens mich recht ausglacht, weil es nur ein Kragen war, ein Vatermörderkragen.

Das ist die Käsfrau von unserm Dorf; stellt die freche Person mittn auf der Landstraß ihrn Kässtand auf. Ich hab ihr das verboten, am nächsten Tag steht der Stand wieder da, dann hab ich sie verhaftet wegen Widerstand. Jetzt mit diesen Spitzbuben und Verbrechern wär's nicht das gefährlichste, aber die Kinder – also, wir haben böse Kinder in unserm Dorf, direkt Angst hab ich, wenn um vier Uhr die Schule aus ist. Sehn wenn s' mich tun, ist es schon gfehlt – muß ich mit ihnen mitspielen; vorgestern haben wir auf der Sauwiesn hint »Blindekuh« gspielt, muß ich da als königlicher Landgendarm die blinde Kuh machen, aber was will ich denn tun? Spiel ich nicht mit, dann haun sie mich recht, die Lausbuben die bösen. Ja, lang mach ich den Spaß nicht mehr mit, wie mir etwas Passenderes unterkommt, gib ich die ganze Gendarmerie auf – ich hab es satt bis da rauf. Wissen Sie, ich hab überhaupt kein Gendarm werden wollen, aber das war so: der Vater war Gendarm, der is pensioniert wordn; jetzt war die Uniform und alles schon da, dann bin ich eben auch einer gworden. Wie oft war ich schon in Lebensgfahr, wenn ich so in den Räuberhöhlen umeinanderkriechen hab müssen, da wär's mir schon oft knapp gestanden, wenn ich nicht meinen Polizeihund dabei ghabt hätt. Gell Wacki! *Schaut sich nach seinem Hund um.* Ja gibt's denn eine solche Gemeinheit auch, jetzt haben mir die frechen Spitzbuben meinen Hund auch gestohln, drum denk ich mir schon, daß er seit acht Tag so brav ist und nicht mehr bellt – ja weit fort kann er nicht sein, weil das Halsband noch da ist – da darf ich mir sofort wieder einen neuen Hund kaufen – ob aber der neue Hund in das Halsband hineinpaßt? – Jetzt darf ich gleich meinen Hund suchen und werd ihn auch erwischen. Drum sag ich's, mit solche Lumpen soll man sich gar nicht abgeben, denn a Lump is a schlechter Mensch, und schlechte Menschen soll man meiden, aber no mei – als Schutzmann muaß i mi ja mit de schlechtn Menschen abgebn, des is doch mein Geschäft, des wär genauso, als wenn a Schuster koan Stiefel mehr anrührn sollt. Hund kaufn – Papagei kaufen – Halts'n auf – *Valentin klebt auf der Bühne ein Plakat an:*

Wer hat mir mein Wackerl gstohln?
Der geb ihn wieder her, der geb ihn wieder her,
Sonst wird ihn der Gendarm holen
Mit dem Schießgewehr.

Gespräch am Springbrunnen

A steht am Sendlingertorplatz in München und betrachtet sich den Springbrunnen und meint zu einem neben ihm stehenden Herrn: So ein Springbrunnen ist doch etwas Herrliches.

B: Wenn er springt, is er sehr schön.

A: Was heißt springt, wenn er net springen würde, wär's ja kein Springbrunnen.

B: Was wär's dann für ein Brunnen?

A: Dann wär es keiner.

B: Gar keiner?

A: Nein gar keiner nicht, es wäre halt dann ein Brunnen, der nicht springt.

B: Aber *da* is er schon?

A: Freilich is er da.

B: Aber sehn tut mer ihn nicht?

A: Wenn er nicht springt – nicht.

B: Hören tut mer ihn auch nicht?

A: Wenn er springt schon, dann rauscht das Wasser.

B: Rauschen tut er, und springen zu gleicher Zeit?

A: Der Springbrunnen rauscht nicht, nur das Wasser.

B: Ohne Springbrunnen?

A: Nein, mit Springbrunnen.

B: Kann man so einen Springbrunnen kaufen?

A: Nein.

B: Woher hat dann unsere Stadtverwaltung den Springbrunnen?

A: Der wurde gestiftet.

B: Springend?

A: Nein – da mußte zuerst das Wasserbassin betoniert
werden, dann wurden die Rohre gelegt und die Blumen-
anlagen, und dann wurde ein Geländer herum gemacht.

B: Und dann?

A: War er fertig.

B: Aber gesehen hat man ihn noch nicht?

A: Wen?

B: Den Springbrunnen selbst.

A: Nein, erst als er aufgedreht wurde, dann ist der Was-
serstrahl in die Höhe gesprungen.

B: Vor Freude?

A: Na – das ist doch ein Naturgesetz, wenn man einen
Wasserhahn aufdreht, springt das Wasser immer in die
Höhe.

B: Immer nicht, in unserer Küche zu Hause, wenn man
den Wasserhahn aufdreht, springt das Wasser hinunter.

A: Eine Küche und der Sendlingertorplatz ist auch zwei-
erlei.

B: Aber nützlich ist ein Springbrunnen nicht.

A: Nutzen hat er keinen.

B: Warum baut man dann Springbrunnen?

A: Nur zur Zierde – zum Anschauen.

B: Für wen?

A: Für die Bewohner unserer Stadt.

B: Wie lange existiert der Springbrunnen schon?

A: Ich glaube seit 1860, also fast hundert Jahre lang.

B: Nun, dann müssen ihn doch alle Münchner schon gesehen haben.

A: Das ist Geschmackssache, was Schönes kann man sich zwei- und dreimal ansehen.

B: Zwei- bis dreimal schon, aber so alte Münchner oder gar die, die am Sendlingertorplatz wohnen, müssen sich doch schon an dem Springbrunnen sattgesehen haben.

A: Für die Münchner allein is er auch nicht gemacht worden, sondern hauptsächlich für die Fremden.

B: Nein, das stimmt nicht, die Fremden kommen nicht wegen dem Wasser, sondern wegen dem Bier zu uns nach München.

A: Das stimmt.

B: Mich hat noch nie ein Fremder gefragt: »Sagn Sie mal, wo kann man hier einen Springbrunnen sehen?« – Alle haben mich gefragt: »Wo ist hier das Hofbräu?«

A: Natürlich kommt kein Mensch wegen dem Wasser nach München, und keiner wird aus dem Springbrunnenbassin Wasser saufen wollen.

B: Warum haben s' dann einen eisernen Zaun drumrum gemacht?

A: Daß man nicht naß wird, wenn man zu nahe an den Springbrunnen hingehen würde.

B: Aber im Winter?

A: Im Winter? Da springt er ja nicht.

B: Wenn aber ein Fremder im Winter den Springbrunnen sehen will?

A: Das kann er nicht, da muß er schon warten, bis es wieder Sommer wird.

B: Muß er dann so lang in München bleiben?

A: Nein, der fahrt wieder und soll im Sommer wiederkommen.

B: Wenn er aber nicht mehr kommt?

A: Dann sieht er ihn nicht.

B: Da hat's der Münchener leichter, der sieht ihn immer.

A: Im Winter auch nicht.

B: Warum springt er nicht im Winter?

A: Da tät der Springbrunnen einfrieren.

B: Das ist nicht wahr, laufendes Wasser friert nie ein.

A: Da haben Sie recht, das hat mir auch einmal ein Installateur gesagt, das wissen vielleicht die Herren Stadträte gar nicht.

B: Das muß man den Stadträten sagen, die sind einem vielleicht dafür dankbar, dann könnte man sich doch die Arbeit mit dem Zudrehen ersparen.

A: Gewiß, hieraus sieht man, daß der Laie auch manchmal eine gute Idee haben kann.

B: Nur eines ist mir nicht klar: der Springbrunnen springt in die Höhe, dann fällt das Wasser wieder herunter und sammelt sich in dem Wasserbecken und läuft dann zum Ablaufrohr wieder hinaus.

A: Ganz klar, der Ablauf ist wichtiger als der Springbrunnen selbst, denn wenn da kein Ablauf wäre, und das

Wasser hätte seit dem Jahre 1860 nicht ablaufen können, da wäre vielleicht heute ganz München – ganz Bayern – ganz Deutschland – vielleicht ganz Europa überschwemmt – was wäre das für eine gewaltige Katastrophe, wenn einer aus Mutwillen das Ablaufrohr verstopfen würde?

B: ... Ah! ... jetzt weiß ich, warum daß man um diesen Springbrunnen ein Geländer gemacht hat.

Vor Gericht

LIESL KARLSTADT: Also, Sie geben zu, daß Sie den Kläger ein Rindvieh geheißen haben?

KARL VALENTIN: Ja, ich habe aber gemeint, daß er deshalb nicht beleidigt ist.

LIESL KARLSTADT: Wieso meinten Sie das?

KARL VALENTIN: Na ja, weil er so saudumm dahergeredet hat.

LIESL KARLSTADT: Eigentlich finde ich, daß Sie saudumm daherreden, denn ein Rindvieh ist doch ein Tier, und ein Tier kann doch nicht reden. Oder haben Sie schon ein Tier reden gehört?

KARL VALENTIN: Jawohl, einen Papagei!

LIESL KARLSTADT: Ja, ein Papagei ist doch kein Rindvieh!

KARL VALENTIN: In dem Moment, wo ein Papagei dumm daherredet, ist eben der Papagei auch ein Rindvieh!

LIESL KARLSTADT: Haben Sie denn schon einen Papagei gehört, der dumm daherredet?

KARL VALENTIN: Und ob!

LIESL KARLSTADT: Erklären Sie mir das.

KARL VALENTIN: Das kann ich beweisen. Meine Hausfrau hat einen Papagei in einem Käfig, und wenn man an den Käfig klopft, dann sagt das Rindvieh: »Herein!«

LIESL KARLSTADT: Finden Sie das dumm?

KARL VALENTIN: Und ob!

LIESL KARLSTADT: Wieso?

KARL VALENTIN: Wie kann denn ich in den kleinen Käfig hineingehen?

LIESL KARLSTADT: Wir kommen da ganz von der eigentlichen Sache ab. – Warum haben Sie den Kläger ein Rindvieh geheißen?

KARL VALENTIN: Weil er meine Frau beleidigt hat.

LIESL KARLSTADT: Inwiefern?

KARL VALENTIN: Er hat zu meiner Frau gesagt, sie sei eine blöde Gans, und meine Frau ist keine Gans, dafür habe ich Beweise.

LIESL KARLSTADT: Da brauchen Sie doch keine Beweise dafür, denn genauso wie der Kläger kein Rindvieh ist, kann Ihre Frau keine Gans sein, wenigstens keine blöde Gans.

KARL VALENTIN: Aber Herr Richter, mit dieser Bemerkung »wenigstens keine blöde Gans« geben Sie ja selbst zu, daß eine Frau eine Gans sein kann, und eine Gans ist aber doch blöd.

LIESL KARLSTADT: Wieso ist eine Gans blöd?

KARL VALENTIN: Weil eine Gans nicht einmal sprechen kann.

LIESL KARLSTADT: Naja, ein Tier kann eben nicht sprechen.

KARL VALENTIN: Doch, der Papagei!

LIESL KARLSTADT: Jetzt kommen Sie wieder mit dem saudummen Papagei als Vergleich!

KARL VALENTIN: Da muß ich Ihnen widersprechen, denn

ein Papagei ist nicht saudumm, weil Sie, Herr Richter, nicht den Beweis erbringen können, daß jede Sau dumm ist, denn es gibt im Zirkus dressierte Säue, also kluge Säue.

LIESL KARLSTADT: Aber wir haben doch von der blöden Gans gesprochen, nicht von einer dressierten Sau.

KARL VALENTIN: Gut, bleiben wir wieder bei meiner Frau.

LIESL KARLSTADT: Nun müssen wir aber zur Ursache der Beleidigung kommen. Aus welchem Grund hat denn der Kläger Ihre Gans eine blöde Frau geheißen, Verzeihung: umgekehrt wollte ich sagen, Ihre Frau eine blöde Gans geheißen?

KARL VALENTIN: Ja, die Sache ist zu schweitweifend.

LIESL KARLSTADT: Sie meinen: zu weitschweifend.

KARL VALENTIN: Zu weitschweifend, jaja! Wir haben nämlich einen Heimgarten, und die Frau Wimmer hat auch einen Heimgarten, direkt neben unserem Heimgarten, und da ist immer ein Konkurrenzneid, wer die schönsten Blumen hat.

LIESL KARLSTADT: Ja, weiter –

KARL VALENTIN: Und da tun wir immer Samen tauschen –

LIESL KARLSTADT: Was tun Sie?

KARL VALENTIN: Samen tauschen! Sie gibt mir zum Beispiel einen Chrysanthemensamen und ich gebe ihr dafür einen Rhabarbersamen, und da hat sie mir heuer für meine Fensterblumen statt Hyazinthen- Sonnenblumensamen gegeben, und wir haben so viele Sonnenblu-

men bekommen, daß wir nicht mehr zum Fenster naussehen können, da hat ihr Mann zu meiner Frau gesagt, sie ist eine blöde Gans, und ich hab zu ihm gesagt: »Sie sind ein Rindvieh«, und er hat dann zu mir gesagt –
Pause
LIESL KARLSTADT: Was hat er gesagt?
KARL VALENTIN: *Schweigt.*
LIESL KARLSTADT: Na, so reden Sie doch, was hat er noch gesagt?
KARL VALENTIN: Naja, Herr Richter, was wird so ein ordinärer Mensch denn noch gesagt haben, des können S' Ihnen doch denken!
LIESL KARLSTADT: Na, was hat er gesagt?
KARL VALENTIN: Ich bitte um Ausschluß der Öffentlichkeit!

Fußball-Länderkampf

Ich bin erst kurz beim Fußballkampf gewesen,
Dort war es schön und intressant,
Den Platz hab ich schon irgendwo gesehen,
Die Fußball-Mannschaft hab ich nicht gekannt.
Und als sie Abschied nahmen von den Toren,
Das Spiel war aus, sie reichten sich die Hand,
Ich hab mein Herz in Heidelberg verloren,
Mein Herz, das wohnt am Isarstrand.

Große Tagesplakate kündigten einen großen Fußballkampf an. Ich hab noch nie einen solchen gesehen. Flugs
eilte ich an eine Autowartestelle und frug den Führer, ob
er gewillt wäre, mich zu dem heutigen Fußball-Rennen
zu bringen. Nachdem mich der Autoführer aufgeklärt
hatte, daß heute kein Fußball-Rennen, sondern ein Fuß-
ball-Kampf stattfindet, stieg ich in das Auto und fuhr los.
So was von Menschen habe ich noch nie gesehen, eine
direkte Völkerwanderung von der Stadt bis zum Fußballplatz. Ich zählte mindestens 5000 Autos. Wenn man
bedenkt: wegen *einem* Fußball 5000 Autos, das ist kolos-
sal. Am Sportplatz selbst eine Menschenmasse von
50000 Menschen, dazu 5000 Autos gerechnet, also
zusammen 55000. Am Fußballplatz angelangt, frug ich
sofort einen Platzanweiser: »Wo ist die Drehbühne?« —

»Drehbühne?« sagte er, »gibt es hier nicht.« – »Was?« sag ich, »50000 Menschen und keine Drehbühne? Sind sie verrückt? Ich habe doch im Kartenvorverkauf eine Drehbühnenkarte gekauft!« Ich wies meine Karte vor, der Irrtum wurde mir klar – es war keine Drehbühnen-, sondern eine Tribünenkarte. Ich wälzte mich also zur Tribüne hinauf. Schlängelte mich amphibisch zu Platz Nr. 4376 hinauf. Ich saß. Ich saß kaum – wer stand vor mir? Ein Mann mit einem heißen Blechkessel. »Wollen Sie heiße Würstchen?« sprach er. – »Nein«, sagte ich, »das Gegenteil – ich will das Fußballwettspiel sehen.« Ich zog meine Uhr aus der Tasche und sah – 4 Uhr 10. Beginn 4 Uhr.

»Wann geht es endlich los?« – Ich wurde ungeduldig und schrie aus Leibeskräften!! – Schon wieder war einer da – »Wer wünscht hier Los? Ziehung unwiderruflich Freitag, den 1. April.« Nun begann die Musikkapelle drei Musikpiecen zu spielen. Vom Fußballspiel war noch keine einzige Spur zu sehen. Die Musikkapelle spielte hierauf ein Dacapo. Währenddessen nahte ein Flieger samt Flugapparat surrend zum Flugplatz heran. – Der Flieger war hoch oben, der Platz tief unten, das Publikum ebenfalls. Es war ein ergreifendes Schauspiel. Besser hätte man es in einem Schauspielhaus auch nicht gesehen. Ich habe schon in meinem Leben viel Flieger gesehen, aber diesmal nur einen, oder besser gesagt, damals nur diesen. Als das Flugzeug sich dieses Fußballs entledigt hatte, flog es hurtig von dannen. Nachdem uns die Musik wiederum etwas geblasen hatte und das Fußballspiel noch immer nicht begann, rief ich zum zweitenmal aus Leibeskräften: »Los!!!« Wer kam wieder daher? Der Mann mit den Losen! »Ziehung unwiderruflich am Freitag, den 1. April.« – Nun wurde es mir fast zu dumm, wir wollten gehen ... Sie staunen, weil ich *wir* sagte – wir waren zu zweit, ich und mein Regenschirm. Um wieder auf den Fußball zu kommen, ich vergesse nie den Anblick, wie auf dem riesigen Festplatz dieser kleine Fußball lag – einsam und verlassen. Hätte ich Tränen dabei gehabt, ich hätte dieselben geweint. Auf einmal – wir konnten es kaum erwarten – fing es endlich an ... zu regnen.

Von diesem Augenblick an war ich überzeugt, daß die Menschen vom Affen abstammen. Denn wie bekannt, machen doch die Affen alles nach. Beim ersten Regentropfen öffnete ich meinen Regenschirm, und siehe da – – – alle 45 000 Menschen machten es mir nach. – Was sagen Sie dazu?

Hätte ich vielleicht meinen Regenschirm nicht aufgespannt, hättens alle anderen auch nicht getan. Und alle 45 000 Menschen wären naß geworden bis auf die Haut, die sich ja bei jedem Menschen unter den Kleidern befindet. Plötzlich ein Fahnenschwenken, die Musikkapelle spielte dazu, und das erste Fußballbataillon marschierte mit klingendem Spiel auf das Spielfeld. Ich sprach zu meinem neben uns stehenden Freund: »Nun geht's los.« Wer stand wieder da? Der Mann mit dem Los: »Ziehung unwiderruflich Freitag, den 1. April.« ... Es war zum

Kotzen. Ich werde dieses Datum nie mehr vergessen. –
Und nun begann der Anfang. Es erschienen nun die
Fußballlieblinge, die vom Publikum vergötterten Fußbal-
listen. Da begannen die 45 000 Menschen ein 90 000händi-
ges Applaudieren. Der Torwärter stand schon vor den
Toren, und die Musik spielte dazu »Am Brunnen vor dem
Tore«. Alles stand kampfbereit, aber der Fußball stand
noch immer einsam und allein in der Mitte. Es war
bereits 4 Uhr 30 alte und 16 einhalb Uhr neue Zeit
zugleich. Da ging wie ein Lauffeuer ein unleises Raunen
durch die Menschenmassen... »Die Fotografen kommen.« Mindestens ein halbes Dutzend Fotografen ohne
Ateliers bevölkerten jetzt das Spielfeld. Das Spiel begann
nun – – immer noch nicht und die Kapelle spielte dazu
das alte Volkslied »Es kann doch nicht immer so bleiben«. Das war denn auch meine Meinung, und nach
einigen kürzeren Minuten erschienen endlich drei
Kinooperateure. Nun trat eine Pause ein, nach deren
Ende plötzlich die Sanitätsmannschaft auf dem Platze
Platz nahm. Anschließend daran kam der Herr Amts-
richter – Verzeihung – Schiedsrichter, um seines Amtes
zu walten. Er ging in die Mitte, pfiff und das Spiel begann.
Enden tat das Spiel mit dem Sieg der einen Partei – die
andere Partei hatte den Sieg verloren. Es war vorauszuse-
hen, daß es so kam.

Das Hunderl

FRAU: Ach, is des a netts Hunderl! Ham S' des scho lang?

HERR: Jaja, schon zehn Jahr.

FRAU: Soso, insgesamt?

HERR: Selbstverständlich!

FRAU: Warum darf er denn nicht frei laufen?

HERR: Er hat keinen Beißkorb.

FRAU: Ja, beißt er denn?

HERR: Ja woher, nicht im geringsten!

FRAU: Dann braucht er doch keinen Beißkorb.

HERR: Doch, ohne Beißkorb darf er nicht Straßenbahn fahren.

FRAU: Aber er fährt doch jetzt nicht Straßenbahn.

HERR: Jetzt nicht, es ist ja auch gar keine Straßenbahn da.

FRAU: Aber da kommt alle Augenblick eine.

HERR: Das nützt mir nichts, ich darf doch nicht fahren, weil ich keinen Maulkorb hab.

FRAU: Sie brauchen doch keinen. Nur das Hunderl muß einen haben.

HERR: Des weiß ich schon, der hat ja einen, nur dabei hab ich ihn nicht.

FRAU: Ja, dann dürfen S' freilich nicht in die Straßenbahn hinein.

HERR: Natürlich darf ich nicht hinein, dann fahr ich halt mit der nächsten.

FRAU: Ach so, ich hab geglaubt, Sie wollen schon mit dieser fahren.

HERR: Freilich wollt ich mit dieser fahren, aber bis ich heimlauf und hol den Beißkorb, ist doch die Straßenbahn weggefahren, die kann doch auf mich nicht zehn Minuten warten.

FRAU: Ja, des kann auch der Schaffner nicht machen, denn wenn er nicht wegfährt, dann würden sich ja die nachkommenden Straßenbahnwagen stoppen, des geht nicht, des können S' auch nicht verlangen, daß wegen so einem kleinen Hunderl...

HERR: Freilich kann ich das nicht verlangen, das weiß ich schon selber. Lassen S' mir jetzt mei Ruah mit dera saudumma Fragerei, kümmern Sie sich um Ihre Kinder und net um andere Leut ihre Viecher! Man hat ja so soviel Ärger und Verdruß mit den Hunden. Mitten in der Nacht muß man oft aus'm warmen Bett raus und muß die Tiere nunterlassen. In Hof dürfen s' nicht nunter, in Hausflur sollen s' nicht. Ja, wir Menschen haben's bequem, aber ich kann meinem Hund nicht zumuten, daß er aufs WC geht. 's ganze Jahr hat ma mit'n Hausherrn und dem Hausmeister Streitigkeiten wegen den Hunden – wie gestern abend zum Beispiel: setzt sich mein Hund mitten aufs Trottoir und macht sein großes Geschäferl; ein Herr sieht das, kommt auf mich zu, brüllt mich an: »So eine Sauerei, haben wir den Bürgersteig deshalb, daß diese Sauviecher ihn beschmutzen dürfen?! Der Hund weiß es natürlich nicht, daß das der Bürgersteig ist, aber

Sie blöder Kerl könnten das wissen! Ich glaube, die Straße ist breit genug für derlei Verrichtungen!«

FRAU: Ja mei, aber auf d' Straßn soll so ein Hunderl auch wieder nicht, da schrein dann die Autofahrer und Radfahrer glei wieder: »Weg von der Straßn mit dem Sauhund!«

HERR: Na ja, ich hab mich belehren lassen, und an andern Tag, wie mein Hund sich wieder aufs Trottoir setzt und will sein großes Geschäfterl machen, hab ich ihn sofort mit der Leine vom Bürgersteig heruntergezogen auf d' Straßn. Schreit mich ein Mann an: »Sie unverschämter Kerl, den Tierschutzverein sollt man holen, mitten unterm Geschäft zieht der rohe Mensch das arme Hunderl auf die Straße hinunter. Angezeigt gehören Sie, so ein Rohling!«

FRAU: Ja mei! Was machen S' denn dann morgen, wenn das Hunderl wieder müssen muß?

HERR: Aufs Hausdach geh ich mit mei'm Hund hinauf, oder ich laß ihn einschläfern und dann ausstopfen.

FRAU: Da ham S' recht. Dann braucht er sein Geschäfterl nimmer ausüben, dann hat er für immer ausgeschäftelt.

Schwierige Auskunft

LIESL KARLSTADT: Sie, bitte, wie komme ich denn hier am schnellsten zum Bahnhof?

KARL VALENTIN: Da sind Sie noch weit weg. Da müßten Sie entweder gehen oder fahren. Wenn Sie fahren, sind Sie vielleicht in fünfzehn Minuten dort, aber zu Fuß brauchen S' bedeutend länger.

LIESL KARLSTADT: Und wie geht man denn da, wenn man zu Fuß geht?

KARL VALENTIN: Da gibt es drei Wege. Entweder Sie gehen geradeaus und dann über den großen Platz, oder Sie gehen durch den Stadtpark und bei dem Hotel vorbei, oder Sie gehen am kürzesten durch die Passage durch und zwischen dem Kaufhaus und der Markthalle durch. Dann kommen Sie direkt hin.

LIESL KARLSTADT: Ja, ich hab aber höchste Zeit, denn um 15.20 Uhr geht schon mein Zug, und jetzt ist es schon 15.10 Uhr.

KARL VALENTIN: Ja, dann ist es gscheiter, Sie gehn den Kasernenweg entlang, bei der Autotankstelle vorbei und da können S' dann noch mal fragen.

LIESL KARLSTADT: So, da soll ich dann noch mal fragen; ja, geht denn keine Straßenbahn hin?

KARL VALENTIN: Ja, mit der Straßenbahn ist es überfüllt, wissen S', da kriegt man so wenig Platz, und zerst muß

67

man so lange warten, und schließlich kommt s' dann und ist besetzt.

LIESL KARLSTADT: Also, dann ist das auch nichts. Und ich habe schon höchste Zeit, o mei, o mei, wenn ich Sie nur besser verstehn tät!

KARL VALENTIN: Ja, ich kann schon lauter reden!

LIESL KARLSTADT: Nein, nicht lauter!

KARL VALENTIN: Leiser?

LIESL KARLSTADT: Nein, deutlicher sollen Sie reden!

KARL VALENTIN: Ja, deutlicher kann ich nicht reden!

LIESL KARLSTADT: Haben Sie einen Sprachfehler?

KARL VALENTIN: Nein, nein!

LIESL KARLSTADT: Reden Sie immer so undeutlich?

KARL VALENTIN: Nein, nur wenn ich auf der Straße was gfragt werd.

LIESL KARLSTADT: Ja, Sie brauchen ja nur Ihren Mund weiter aufmachen beim Sprechen!

KARL VALENTIN: Des trau i mir net.

LIESL KARLSTADT: Warum nicht?

KARL VALENTIN: Weil i zum Zahnarzt muß.

LIESL KARLSTADT: Beim Zahnarzt müssen S' an Mund auch weiter aufmachen!

KARL VALENTIN: Ja, da macht's ja nichts mehr. – Mir ist nämlich heut mei Goldplombe locker wordn, und da hab i Angst, daß ma s' rausfällt, wenn ich an Mund aufmach. Und da muß ich jetzt so Obacht gebn und kann den Mund net aufmachen.

LIESL KARLSTADT: Und ausgerechnet Sie muß ich fragen um Auskunft!

KARL VALENTIN: Ah, das macht mir nichts!

LIESL KARLSTADT: Ja, Ihnen macht's freilich nichts, aber mir macht's was!

KARL VALENTIN: Wieso?

LIESL KARLSTADT: Ja, weil ich an Zug versäumt hab!

Im Zoologischen Garten

Mit Tierimitationen: Löwengebrüll, Wolfsgeheul usw.
BILLETTEUR: Bitte die Herrschaften Billetten vorzeigen!
KARL VALENTIN: Was heißt: Billetten vorzeigen! Haben
Sie noch kein Billett gesehen vom Zoologischen Garten?
BILLETTEUR: Schon viele, aber die Ihren noch nicht.
KARL VALENTIN: Die sind doch alle gleich.
LIESL KARLSTADT: Des is doch wegn der Kontrolle.
KARL VALENTIN: I brauch koa Kontrolle, i bin koa
Schwindler, oder glaubn Sie...
LIESL KARLSTADT: Geh zua, werst wohl net streiten
wegen dene zwei Billetten! – Ah, da schau nüber, da is
schon ein Riesenelefant.
KARL VALENTIN: Wo?
LIESL KARLSTADT: Da drüben.
KARL VALENTIN: Des is doch kein Elefant, des is doch ein
Nilpferd.
LIESL KARLSTADT: Jaja, ich weiß schon, ich hab mich nur
versprochen.
KARL VALENTIN: Da schau her, Kunigunde, der wunder-
bare Tintenfisch da oben!
LIESL KARLSTADT: Wo oben?
KARL VALENTIN: Da oben.
LIESL KARLSTADT: Des is doch kein Tintenfisch, des is ja a
Steinadler.

KARL VALENTIN: Jaja, Steinadler wollt ich sagen, ich hab mich auch nur versprochen.

LIESL KARLSTADT: Ah, da schau her, sibirische Wölfe, und wie die unheimlich heulen.

KARL VALENTIN: Jaja, des sind auch unheimliche Raubtiere, die müssen auch unheimlich heulen, das würde sich dumm anhören, wenn die Wölfe zwitschern würden.

LIESL KARLSTADT: Naja, genauso blöd wäre es, wenn a Schwalbe heulen würde. – Käfig Nr. 5, Das Nashorn. Warum heißt das Nashorn?

KARL VALENTIN: Weil's auf der Nase ein Horn hat.

LIESL KARLSTADT: Ja, wia is denn des dann beim Elefant?

KARL VALENTIN: Naja, der hat eine Ele am Fant.

LIESL KARLSTADT: Nein, der hat einen Rüssel am Kopf, der müßte eigentlich Rüsselkopf heißen!

KARL VALENTIN: Sag's ihm!

LIESL KARLSTADT: Wem, dem Elefant?

KARL VALENTIN: Nein, dem zoologischen Besitzer. – Du, da schau her, die netten kleinen Affen, da sagen die Leut immer, wir gleichen den Affen – *Schreien* – des find i net, mir san doch viel größer!

LIESL KARLSTADT: Da schau her, das ist eine Gemeinheit, da zahlt man eine Mark Eintritt – *Zwitschern* – und da sieht man einen gewöhnlichen Spatz!

KARL VALENTIN: Stimmt, das ist ein Spatz, vielleicht ist der in'n zoologischen Garten hereingeflogen. Wenn er nicht im Katalog steht, gehört er nicht herein. – Schau, Nr. 22, Pelikane.

LIESL KARLSTADT: Und was sind das für kleine weiße Dreckhäufchen, die auf dem Beton liegen?

KARL VALENTIN: Das ist der Abfall von de Pelikane, das Pelikanol, das wird in Tuben gefüllt und kostet dann 30 Pfennige.

LIESL KARLSTADT: Hier ist ein Orang-Utan, ein Menschenaffe.

KARL VALENTIN: Der schaut aber wirklich blöd. Alte, stell dich net so nah an das Gitter hin, sonst weiß der Aff net, bist du im Käfig oder er. *Gebrüll.*

LIESL KARLSTADT: Horch, was is denn das für ein Gebrüll?

KARL VALENTIN: Das sind wahrscheinlich die Brillenschlangen. – Käfig Nr. 24, Der Fuchs. Moanst, Alte, daß des der Fuchs is?

LIESL KARLSTADT: Was für a Fuchs?

KARL VALENTIN: No ja, der wo damals die Gans gstohln hat.

LIESL KARLSTADT: Du fads Mannsbild, mit deine blöden Witz! – Ja, was is denn des, des is ja a Storch! Du, Alter, moanst, des is der Storch?

KARL VALENTIN: Was denn für a Storch?

LIESL KARLSTADT: No ja, der wo die kleinen Kinder bringt.

KARL VALENTIN: Du fads Frauenzimmer du, mit deine blöden Witz!

Raubtiergebrüll.

LIESL KARLSTADT: Du, jetzt müaß ma ins Raubtierhaus –
um vier Uhr is Fütterung sämtlicher Raubtiere! – Komm!

KARL VALENTIN: Nein, das mag ich nicht sehn.

LIESL KARLSTADT: Warum nicht?

KARL VALENTIN: Ich kann's auch nicht leiden, wenn mir
wer beim Essen zuschaut.

Hausverkauf

KARL VALENTIN: Guten Tag, Sie wünschen?

LIESL KARLSTADT: Ich komme wegen dem Haus.

KARL VALENTIN: Sie meinen wegen dem Häuschen?

LIESL KARLSTADT: In der Zeitung steht Haus.

KARL VALENTIN: Nein, es ist ein kleines Haus, ein Häuschen.

LIESL KARLSTADT: Ah, ein Häuslein, ein Häuselchen, ein Häuseleinchen. Steht das Häuschen im Freien?

KARL VALENTIN: Da steht es doch!

LIESL KARLSTADT: Ich komme auf das Zeitungsinserat; Sie haben doch das Haus zu verkaufen; ist das hier das Haus?

KARL VALENTIN: Jawohl! Ich verkaufe es ungern, aber ich bin froh, wenn ich es los bin.

LIESL KARLSTADT: Wie viele Stockwerke hat das Haus?

KARL VALENTIN: Keines, nur Parterre.

LIESL KARLSTADT: Ist es bewohnt?

KARL VALENTIN: Momentan nicht, weil ich heraußen stehe.

LIESL KARLSTADT: Wie viele Zimmer?

KARL VALENTIN: Nur eins – dafür keine Treppe, kein Stiegenhaus.

LIESL KARLSTADT: Ist das hier eine ruhige Gegend?

KARL VALENTIN: Jawohl. Im Winter hören Sie nicht einmal das Auffallen der Schneeflocken; aber dafür gibt es im Sommer viele Ameisen, aber die gehen ganz leise.

LIESL KARLSTADT: Wie steht es mit den Abortverhältnissen?

KARL VALENTIN: Abort ist keiner im Haus.

LIESL KARLSTADT: Ja, aber wenn man...

KARL VALENTIN: Der Wald ist fünf Minuten von hier entfernt.

LIESL KARLSTADT: Ja, aber bei Nacht?

KARL VALENTIN: Auch nur fünf Minuten.

LIESL KARLSTADT: Wann sind Sie in dieses Haus eingezogen?

KARL VALENTIN: Einen Tag später.

LIESL KARLSTADT: So früh schon! – Und wie ist es mit der Beleuchtung? Gas oder elektrisch?

KARL VALENTIN: Im Haus und im Freien – überall elektrisch!

LIESL KARLSTADT: Ich sehe aber nirgends eine elektrische Leitung.

KARL VALENTIN: Nur elektrische Taschenlampe, brennt überall.

LIESL KARLSTADT: Wie alt ist das Haus schon?

KARL VALENTIN: Weiß nicht, hab's noch nicht gefragt.

LIESL KARLSTADT: Sind Hypotheken drauf?

KARL VALENTIN: Nein, nur ein Kamin.

LIESL KARLSTADT: Was bedeuten diese vier Zimmerwände?

KARL VALENTIN: Das sind Stützen.

LIESL KARLSTADT: Für was?

KARL VALENTIN: Fürs Hausdach.

LIESL KARLSTADT: Ist Ungeziefer im Haus?

KARL VALENTIN: Nein, ich bin noch Junggeselle.

LIESL KARLSTADT: Soso!

KARL VALENTIN: Jawohl!

LIESL KARLSTADT: Legen Sie...

KARL VALENTIN: Ich nicht!

LIESL KARLSTADT: Einen Moment...

KARL VALENTIN: Bitte!

LIESL KARLSTADT: Legen Sie...

KARL VALENTIN: Nein – aber meine Hühner.

LIESL KARLSTADT: Legen Sie Wert darauf, daß das Haus bald verkauft wird?

KARL VALENTIN: Nein, sofort – in sofortiger Bälde!

LIESL KARLSTADT: Kaufen Sie sich dann wieder ein neues Haus?

KARL VALENTIN: Niemals mehr! Ich suche ein altes, tausend Meter tiefes Bergwerk zu mieten.

LIESL KARLSTADT: Und das wollen Sie dann bewohnen?

KARL VALENTIN: Selbstverständlich!

LIESL KARLSTADT: Das ist ja unheimlich!

KARL VALENTIN: Schon – aber sicher!

LIESL KARLSTADT: Vor wem?

KARL VALENTIN: Vor Meteorsteinen.

LIESL KARLSTADT: Aber Meteorsteine sind doch ganz selten.

KARL VALENTIN: Schon, aber bei mir geht die Sicherheit über die Seltenheit.

Vogelausstellung

FRÄULEIN *an der Kasse:* Wünscht der Herr eine Eintrittskarte?

KARL VALENTIN: Jawohl – bitte, wann wird die Ausstellung geschlossen?

FRÄULEIN: Ende dieses Monats.

KARL VALENTIN: Soviel Zeit habe ich nicht. Ich meine, wann sie heute geschlossen wird.

FRÄULEIN: Ach so, Verzeihung, abends sechs Uhr.

KARL VALENTIN: Ich habe nur eine Stunde Zeit. Glauben Sie, daß ich in dieser kurzen Zeit alle Vögel sehen kann?

FRÄULEIN: Bei flüchtiger Besichtigung, ja.

KARL VALENTIN: Sind Raubvögel auch zu sehen?

FRÄULEIN: Nein. Raubvögel sind im Zoologischen Garten zu sehen.

KARL VALENTIN: Also Hühner, Gänse, Enten?

FRÄULEIN: Nein, das ist doch Geflügel, die werden doch nur in Geflügelausstellungen gezeigt. Bei uns hier gibt es hauptsächlich Kanarienvögel, also hauptsächlich Singvögel.

KARL VALENTIN: Aha! Also eine Singvögelausstellung.

FRÄULEIN: Ganz richtig.

KARL VALENTIN: Die Vögel singen also während der Ausstellung.

FRÄULEIN: Natürlich.

KARL VALENTIN: Immer?

FRÄULEIN: Sie meinen, ununterbrochen?

KARL VALENTIN: Ja, ich meine, wenn ich schon fünfzig Pfennige in einer Singvögelausstellung bezahle, dann möchte ich auch die Singvögel hören, nicht nur sehen.

FRÄULEIN: Na, garantieren kann ich Ihnen natürlich nicht, ob die Vögel singen, wenn Sie die Ausstellung besuchen.

KARL VALENTIN: Ich verlange auch keine Garantie. Ich meine nur, wenn ich zum Beispiel in eine Hundeausstellung gehe, da will ich auch die Hunde bellen hören, nicht nur ansehen.

FRÄULEIN: Na, zwischen Bellen und Singen ist aber doch ein gewaltiger Unterschied, denn ob ein Hund bellt oder nicht, ist doch schließlich ganz egal.

KARL VALENTIN: Sie, Fräulein, da haben sie aber sonderbare Ansichten.

FRÄULEIN: Na, erlauben sie mir, es wird sich doch niemand einen Hund kaufen wegen dem Gebell, denn das Gebell von einem Hund hat doch gar keinen Sinn.

KARL VALENTIN: Doch. Wenn Sie zum Beispiel einen wachsamen Hofhund hätten, der in Ihrem Anwesen einen Einbrecher gefaßt hat, wie würden Sie sich darüber ärgern, wenn der nicht bellen würde.

FRÄULEIN: Das können Sie auch nicht verlangen, daß ein Hofhund bellt, wenn er einen Einbrecher gefaßt hat.

KARL VALENTIN: Haben Sie eine Ahnung von einem Hofhund.

FRÄULEIN: Na, das ist doch ganz klar. Ein Hofhund kann und muß bellen, wenn er einen Einbrecher bemerkt, das heißt, er soll den Einbrecher melden, aber wenn er einen Einbrecher schon gefaßt hat, da hat er doch das Maul voll, da kann er doch nicht mehr bellen.

KARL VALENTIN: Ganz klar, daß er da nicht bellen kann, wenn er's Maul voll hat. Da muß er halt den Einbrecher wieder loslassen.

FRÄULEIN: Dann läuft der davon.

KARL VALENTIN: Aber der Hofhund kann wieder bellen, und ein Hofhund muß bellen, von einem Hühnerhund wird kein Mensch verlangen...

FRÄULEIN: Nun sollen Sie mir nur mehr erzählen, daß die Hühnerhunde gackern sollen. Ich habe jetzt die Nase voll von Ihrer blöden Fragerei. Hier ist der Eingang zur Singvögelausstellung.

Der Elefant, der Elefant,
der riecht ein wenig
angebrannt
Fideralala...

der
Löwe
der geht maskiert
als Göwe